CAPÍTULOS DE LA BIBLIA PARA NIÑOS

El Padrenuestro

www.iCharacter.org

Publicado por iCharacter Limited (Irlanda)
Ilustrado por Agnes de Bezenac
Coloreado por Sabine Rich

Copyright © 2018 iCharacter Limited ®. Todos los derechos reservados. Ninguna parte de este libro puede ser reproducida en ninguna forma, ni por ningún medio electrónico o mecánico, incluyendo sistemas de información y recuperación de la información, sin permiso del autor, excepto para reseña de libros, en las que se pueden citar breves pasajes.

Padre nuestro que estás en los cielos,

Le hablamos a Dios. Él es nuestro amoroso padre celestial.

santificado sea tu nombre.

«Santificado» quiere decir «santo». Es como decir: «¡Tu nombre es maravilloso!»

Venga tu reino.

El reino de Dios es un lugar donde reina el amor.

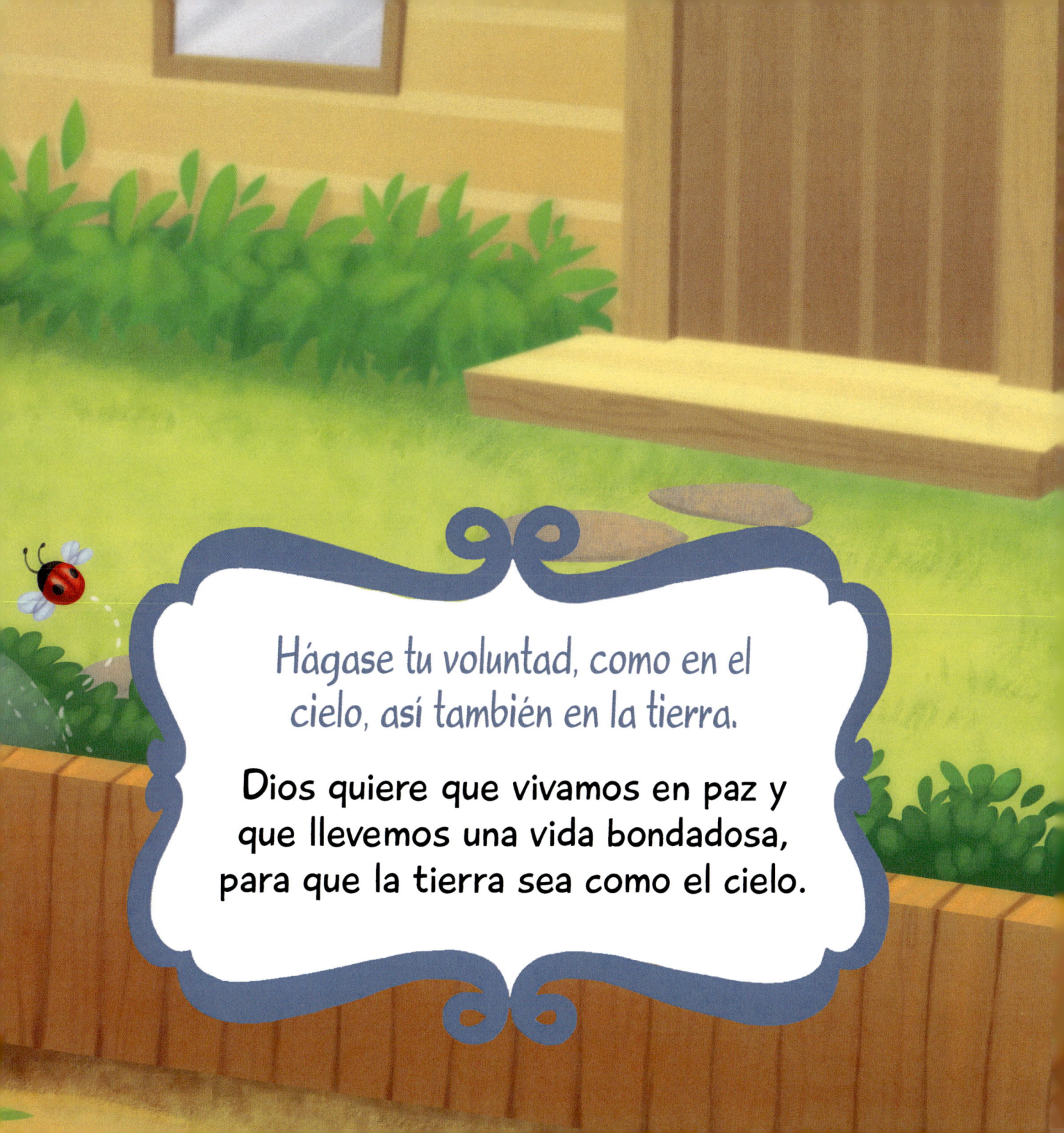

Hágase tu voluntad, como en el cielo, así también en la tierra.

Dios quiere que vivamos en paz y que llevemos una vida bondadosa, para que la tierra sea como el cielo.

El pan nuestro de cada día, dánoslo hoy.

Confiamos en que Dios nos dará cada día todo lo que nos hace falta.

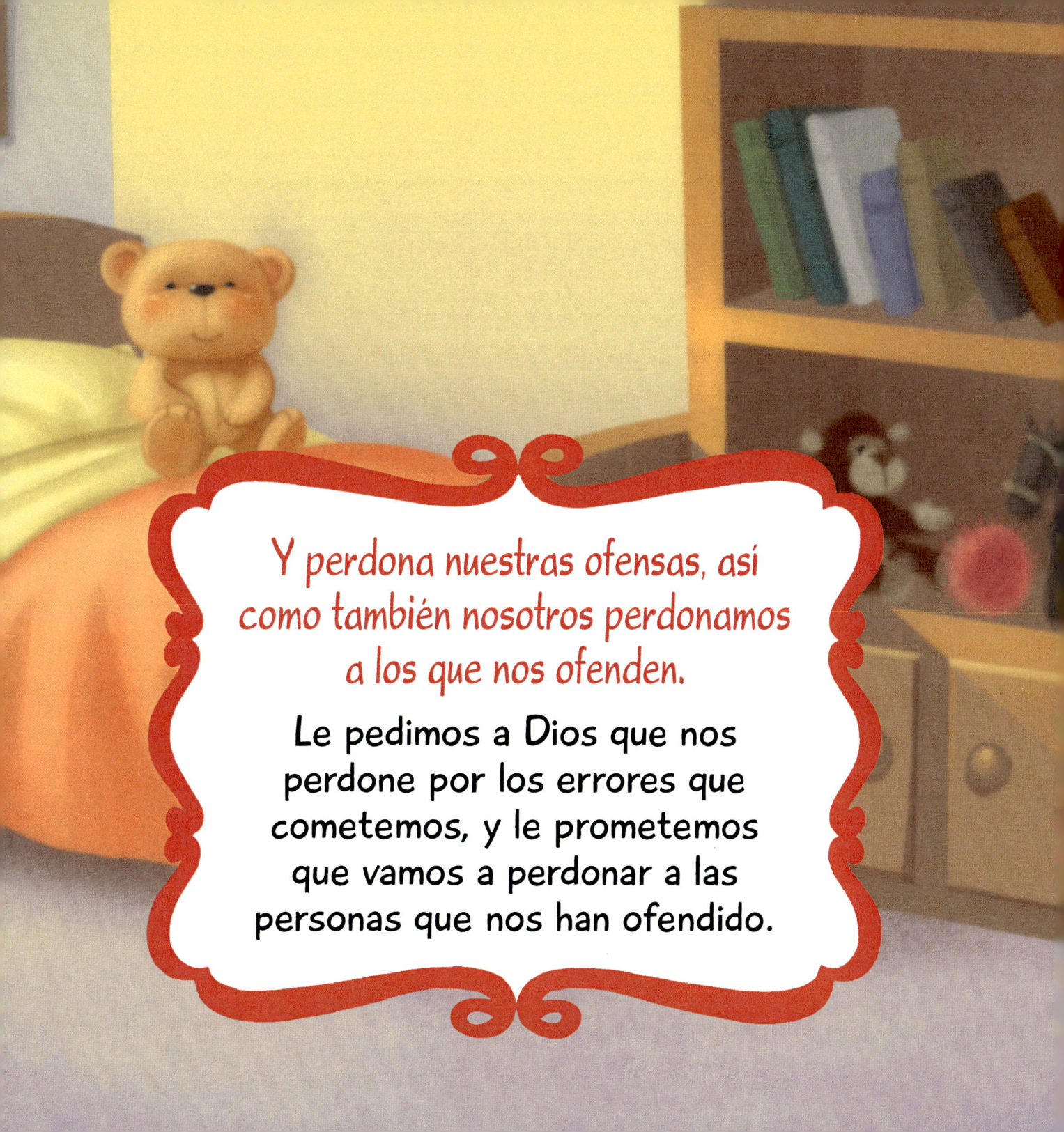

Y perdona nuestras ofensas, así como también nosotros perdonamos a los que nos ofenden.

Le pedimos a Dios que nos perdone por los errores que cometemos, y le prometemos que vamos a perdonar a las personas que nos han ofendido.

Y no nos dejes caer en tentación, mas líbranos del mal.

Le pedimos a Dios que nos ayude a hacer lo que está bien, aun cuando nos cuesta.

Amén.

Amén significa «que así sea», o «es la verdad y estoy de acuerdo».

Querido Dios, te damos gracias
por la noche y sus estrellas,
por la luz de la mañana, que resplandece bella.
Por el descanso, el alimento
y el amor que nos prodigas
y por todo lo que alegra nuestros días,
nuestra vida.

- Rebecca Weston (1890)

Ayúdanos, Señor, a siempre hacer el bien
a mostrarnos amables,
sin importar con quién.
Que en todo lo que hagamos,
y donde sea que estemos,
cada día nos volvamos más
cordiales, más buenos.

- Rebecca Weston (1890)

Señor, a quererte más ayúdame,
a amarte más de lo que
nunca antes te amé.
En el trabajo y en el juego,
acompáñame, te lo ruego.

- Anónimo

Dios que estás en el Cielo, escucha mi oración
y guárdame siempre bajo Tu protección.
Sé mi guía en todo lo que haga
y bendice también a aquellos que me aman.

– Tradicional

Querido Dios, bendice a mis amigos
a los que ya están grandes y
también a los chiquitos.
Ayúdanos a dar a todos mucho amor
y a ser más como Tú, cariñoso Señor.

- Agnes de Bezenac

Dios, Tú eres grande y eres bueno.
Te damos gracias por estos alimentos.
Señor, Tú nos sacias con Tu mano,
gracias por el pan que cada día tomamos.

– Anónimo

Gracias por un mundo hermoso
y por los alimentos tan sabrosos;
por las aves y su dulce canto.
¡Gracias, Dios, por darnos tanto!

- Tradicional

Gracias Señor, porque tú me guardas.
Estoy contento y te doy gracias.
Más de todos los dones que de Tí recibo,
Tú eres el mejor, mi fabuloso amigo.

– Salem de Bezenac

Ahora que el día llega a su fin
me detengo a pensar en ti.
Gracias por estar siempre cercano
para que así nada temamos.

- Agnes de Bezenac

Al irme ahora a descansar,
ruego al Señor mi alma guardar.
Que en la noche Dios por mí vele
y los rayos del sol me despierten.

- Tradicional

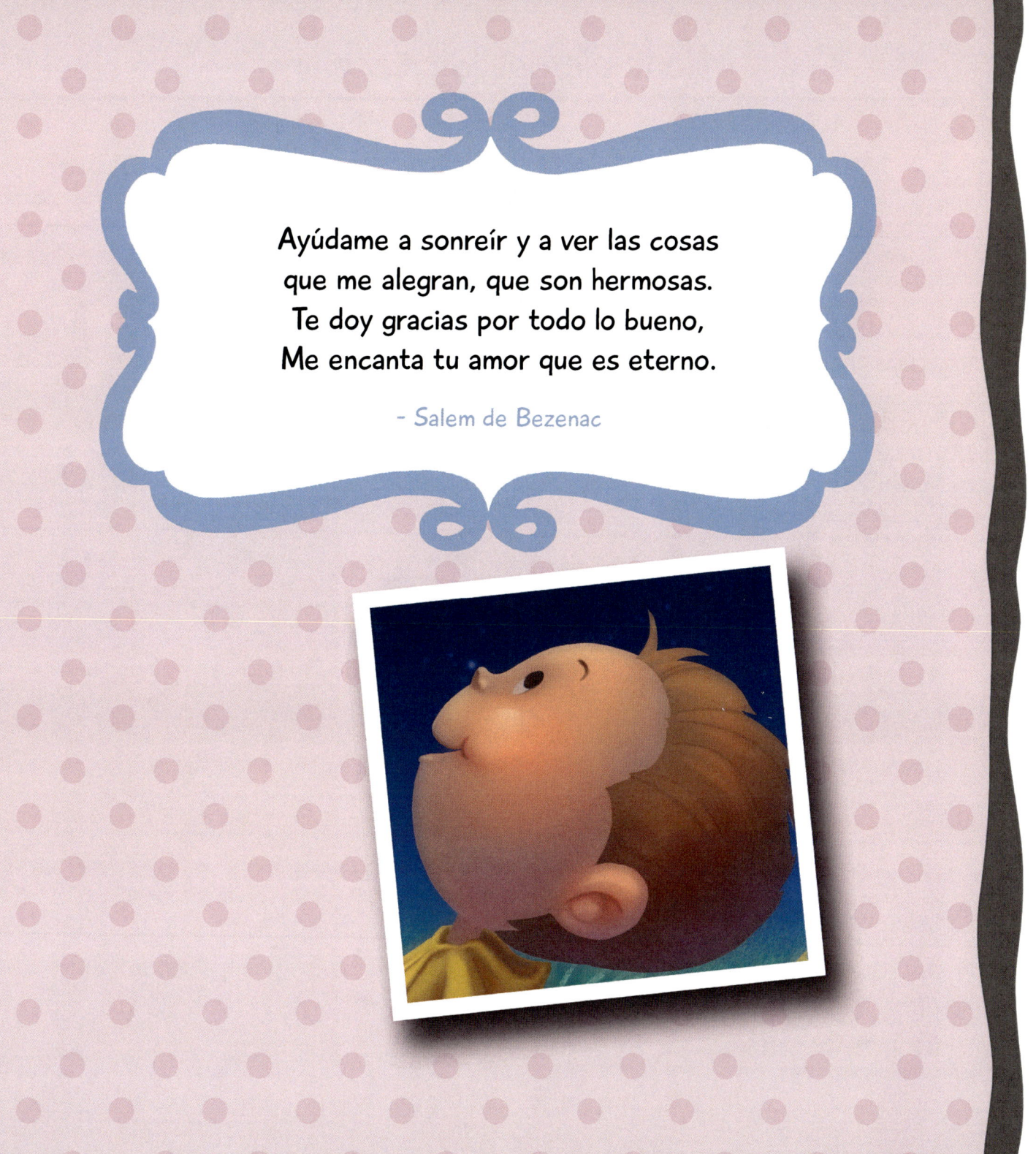

No te pierdas la colección

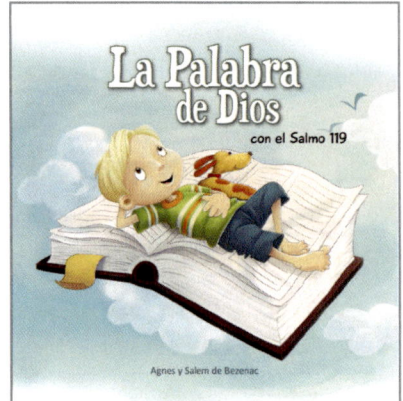
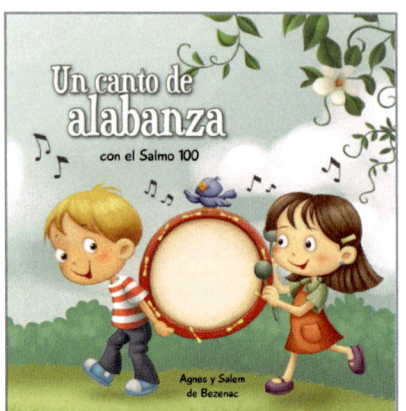

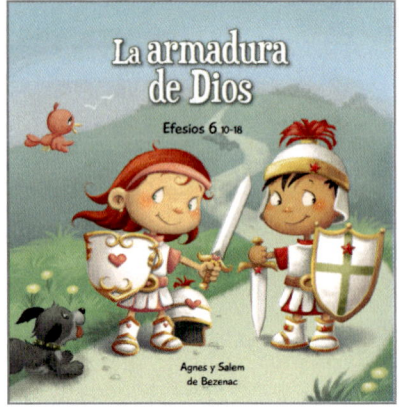
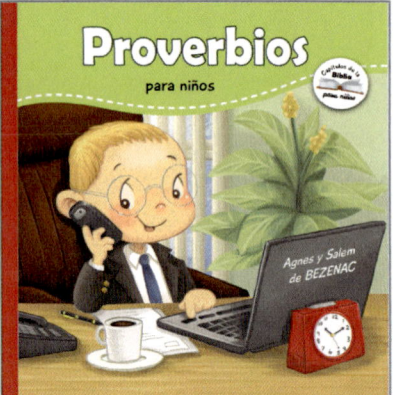

Made in the USA
Las Vegas, NV
22 October 2023